रोशनी किस जगह से काली है

फ़ज़ल ताबिश

लिप्यान्तरण

अंजलिका चतुर्वेदी

भारतीय ज्ञानपीठ

लोकोदय ग्रन्थमाला : ग्रन्थांक 1242

ISBN 978-93-263-5293-2

रोशनी किस जगह से काली है

(ग़ज़ल)

फ़ज़ल ताबिश

दूसरा संस्करण : 2016

मूल्य : 150 रुपये

प्रकाशक : **भारतीय ज्ञानपीठ**

18, इन्स्टीट्यूशनल एरिया, लोदी रोड, नयी दिल्ली–110 003

मुद्रक : चार दिशाएँ प्रिंटर्स, नोएडा

आवरण : महेश्वर

ROSHANI KIS JAGAH SE KALI HAI
(Ghazal)
by Fazal Tabish

Published by
Bharatiya Jnanpith
18, Institutional Area, Lodi Road, New Delhi-110 003
Ph. : 011-24698417, 24626467; 23241619 (Daryaganj)
Mob. : 9350536020; e-mail : bjnanpith@gmail.com
sales@jnanpith.net; website : www.jnanpith.net

Second Edition : 2016
Price : Rs. 150

ज्ञान गरिमा के
70 वर्ष

भारतीय
ज्ञानपीठ

रोशनी किस जगह से काली है

(ग़ज़ल)

अभी यह झील तो बे शल पड़ा बिछौना है।
अभी हवा को ज़रा और तेज़ होना है।

—फ़ज़ल ताबिश का आख़िरी शेर

फ़ज़ल ताबिश की शायरी की किताब उर्दू में उर्दू अकादमी ने प्रोफेसर आफ़ाक़ अहमद के कार्यकाल में 'रोशनी किस जगह से काली है' के नाम से छपवाई है, जिसका लिप्यान्तर करके हमने छपवाने के लिए मोहतरमा नुसरत मेहंदी से अनुमति चाही थी, जो अनुमति उन्होंने हमें प्रदान की जिसके लिए हम उनके तहे दिल से शुक्रगुज़ार हैं।

ऊँचे पेड़ों मेरा क़द इतना नहीं है।
वो तो शाखें हैं जो मुझको छू रही हैं।।

समस्त परिवार एवं दोस्त एहबाब़
फ़ज़ल 'ताबिश'

उसके नाम से

शुरू करता हूँ मैं उसके नाम से
जो रहीम है, न करीम
जो क़दीम है, न अज़ीम
नहीं बनाया है जिसमें कुछ भी अभी तक
पैदा नहीं कर सकती जो तन्हा कुछ भी
जो ग़ुलाम है मेरी ही तरह आरज़ू ज़ंजीरों की
जो उतरती चली जा रही है मेरी ही तरह
अपने अँधेरों में
सीढ़ी-सीढ़ी उदास चाँद-सी
जिसका सूरज दूर है
दूर सालों लम्बे उसके हाथों से
शुरू करता हूँ मैं उसी के नाम से
उसके लिए
उसके सूरज के लिए
सालों लम्बे उसके हाथों की लम्बाई के लिए।

नहीं चुनी मैंने वो ज़मीन जो वतन ठहरी
नहीं चुना मैंने वो घर जो ख़ानदान बना
नहीं चुना मैंने वो मज़हब जो मुझे बख़्शा गया
नहीं चुनी मैंने वो ज़बान जिसमें माँ ने बोलना सिखाया

और अब
मैं इन सबके लिए तैयार हूँ
मरने मारने पर

न कर शुमार के हर शै गिनी नहीं जाती।
ये ज़िन्दगी है हिसाबों से जी नहीं जाती।।

ये नर्म लहजा ये रंगीनिये बयाँ ये ख़ुलूस।
मगर लड़ाई तो ऐसे लड़ी नहीं जाती।।

सुलगते दिन में थी बाहर बदन में शब को रही।
बिछड़ के मुझसे बस इक तीरगी नहीं जाती।।

नक़ाब डाल दो जलते उदास सूरज पर।
अँधेरे जिस्म में क्यों रोशनी नहीं जाती।।

हर एक राह सुलगते हुए मनाज़िर हैं।
मगर ये बात किसी से कही नहीं जाती।।

मचलते पानी में ऊँचाई की तलाश फ़िज़ूल।
पहाड़ पर तो कोई भी नदी नहीं जाती।।

शख़्सियत है कि सिर्फ़ गाली है।
जाने किस शख़्स ने उछाली है।।

शहर दर शहर हाथ उगते हैं।
कुछ तो है जो हर इक सवाली है।।

जो भी हाथ आए टूट कर चाहो।
हार के यह रविश निकाली है।।

'मीर' का दिल कहाँ से लाओगे।
ख़ून की बूँद तो बचा ली है।।

जिस्म में भी उतर के देख लिया।
हाथ ख़ाली था अब भी ख़ाली है।।

रेशा रेशा उधेड़ कर देखो।
रोशनी किस जगह से काली है।।

दिन ने चेहरा खरौंच डाला था।
जब तो सूरज पे ख़ाक डाली है।।

शबों को ख़ैर पैमाने में रखिये।
मगर दिन कौन से ख़ाने में रखिये।।

उसे बस्ती अभी भी काटती है।
उसी को बस्तियाँ ढाने में रखिये।।

यहाँ हर शख़्स ख़ुद का आदमी है।
हमारा शहर वीराने में रखिये।।

वही इक बे ताल्लुक़ बेख़बर है।
उसे हम सबको समझाने में रखिये।।

सलीक़ा सीख ले उस मौत दिन तक।
उसे बस आने और जाने में रखिये।।

सिवाय प्यार कोई भी हुनर नहीं सीखा।
बहुत न सीखना हमको कमाल रास आया।।

माफ़ करने का हक़ भी उसी का हिस्सा है।
के उसने हार का मक्रओह ग़म नहीं पाला।।

शराब पीके भी हम बेख़बर गुज़र न सके।
हमारे पाँव के नीचे कोई नहीं कुचला।।

हम अपनी टेढ़ी रविश पर ही जान देते रहे
न आया कौन, हमें किस तरह न समझाया।।

चले-चलो के कहीं तो पहुँच ही जाएँगे।
यहाँ से दूर यहाँ का समाँ नहीं होगा।।

सितमगरों को सितम से नहीं मिली फुरसत।
सितमगरों ने खुशी का मज़ा नहीं चक्खा।।

अज़ाने ख़ला में भटकती रहें
इबादत करेंगे चलो घर चलें।

हुई बेअसर इल्तजाएँ तमाम
असर दिल दुखाने का भी देखें।

वो पहचान तो छीन कर ले गया
बदन बच रहा है उसे क्या करें।

वो माज़ी की गाड़ी में बैठे हुए
सफ़र की सहूबत से बेचैन हैं।

हमारे लिये भी मताए जुनूँ
ज़रा हम भी जीने का गुर सीख लें।

एक और दुआ

ए खुदा! तू हमें फासले दे
हमें काट दे
सारे रिश्तों को बंजर ज़मीनों में
बोने की तौफ़ीक़ दे
ए खुदा!
तू हमें जंग दे
दुश्मनी दे
अदावत की सौग़ात दे
तू किसी पेड़ पर प्यार के फूल
खिलने न दे।

अभी सूरज दरख़्तों में छुपा है।
मगर साया ज़मीं पर आ गिरा है।।

ज़मीं सबको निगलती जा रही है।
ज़मीं शायद ज़माने की ख़ुदा है।।

हवा मुझको भी इक दिन जीत लेगी।
जहाँ माँ का बदन था अब हवा है।।

अँधेरे के लिए आँखें नहीं हैं।
यहाँ बेआँख ही सब कुछ सूझता है।।

तुम्हारे और मेरे ग़म अलग हैं
मगर ख़ाली दिखावा भी भला है।।

हमको पानी सर से ऊँचा चाहिए।
तैरने वालों को जैसा चाहिए।।

हो चुकी दस-पाँच दिन तन्हाईयाँ।
आज तो घर से निकलना चाहिए।।

शर्म ऐसी भी कहाँ की शर्म है।
दिल का किस्सा है सो कहना चाहिए।।

आरज़ू दुशवार तर राहों में थी।
आरज़ू का मान रख्खा चाहिए।।

अजनबी हो जाने का सुख भी बजा।
फिर भी इक पहचान रखना चाहिए।।

लाखों ख़्याल क़त्ल हुए दोस्ती के साथ।
लेकिन वो शहर जो न बसा दुश्मनी के साथ।।

संग-ए-सदा ही फेंकिए सोते मकान में।
कीजे न इन्तज़ार-ए-सहर ख़ामोशी के साथ।।

बरगद ने अपने बाल न कटवाये उम्र भर।
हर चन्द उसकी उम्र कटी आदमी के साथ।।

दीवारे होंठ बन्द किए घूरती रहीं।
दरवाज़े दिल लगाते रहे हर किसी के साथ।।

'ताबिश' किसी उम्मीद पे सर रख के सो रहो।
सड़कें भी सो रही हैं थकी चाँदनी के साथ।।

कोई बुलाए किसी ओर सिम्त जा निकलें
यह हमने सोचा तो सोचा कि जाएँ सो जाएँ।

गले लगाके गली की तमाम आवाज़ें
कुछ उसके सहन में कुछ अपने घर सजा आएँ।

तुम्हारे आगे भी चाहा था और चाहेंगे
वो अपने पाँव कहाँ हैं के थक के सो जाएँ।

उसे भी तरक-ए-तलब की सज़ा मिलेगी ज़रूर
मगर उसे यह ख़बर किस लिए सुनाएँ।

बुरे दिनों के लिए उसकी याद रखते हैं
बुरे दिनों से कहो आएँ आ के शरमाएँ।

दिल कहे दीवाना बनकर दर बदर हो जाइये
दूसरा दिल हो कि शाम आ पहुँची घर को जाइये।

कौन सी आवारगी, यारी, कहाँ की सरख़ुशी
घर में पीजे, मीर को पढ़िये वहीं सो जाइये।

आने वाले वसवसे बोते दिनों से भाग कर
कुछ न बन पाए तो रस्तों में कहीं खो जाइये।

हमको सब मालूम है, मालूम होने का भरम
बस यह औलादें ही बस में हैं यहीं बौ जाइये।

घर की दीवारों के गिरने की ख़बर मुझको भी है
आप ख़ुश होना अगर चाहें तो ख़ुश हो जाइये।

माँगिये हर एक से उसके गुनाहों का हिसाब
और सारे शहर में सब के ख़ुदा हो जाइये।

जंग के बाद

मैज़ एक पाँव गँवा बैठी है
तकिया कुर्सी से अलग रखा है।
वार चूका था सुराही का गला कहता है
कापियों और किताबों पर पड़े नीले दाग़
कह रहे हैं कि दावात उल्टी थी

मुन्नी टूटी हुई चूड़ी के लिए रोती है
मुन्ना रोता है कि घोड़े की कमर टूट गयी
मुर्ग़ियाँ चुनती हैं बिखरे गेहूँ
कुछ न समझी हैं तो ख़ुश-ख़ुश सी नज़र आती है

वो जो घूड़ा था गली के मुँह पर
जैसे कमरे में चला आया है।

मैं भी कुछ टूटा हुआ बैठा हूँ
तुम भी कुछ कम से नज़र आते हो।

कमरा इतना ही बड़ा था कल भी।

मैं क्या हूँ यह भी खुले क़दरे दोस्ताँ भी खुले
कुछ और नीचे उतर आऊँ तो जुबा भी खुले।

मैं इन्तेज़ार में झोंक आऊँ अपने अन्देशे
मगर मताए वफ़ा क्या है यह गुमा भी खुले।

कभी तो कासा-ए-सर लेके शहर मैं निकलो
कभी तो बात फ़क़ीरों के दरमियाँ भी खुले।

कहीं तो गिरती हुई रात टूट कर बिखरे
किसी तरह तो चमकदार दिन यहाँ भी खुले।

हमारी आँख भी नीलाहटें तलाशें है
मिलों की क़ै जो सिमर जाए आसमाँ भी खुले।

यह क्या कि छुई-मुई सा बचाए रखिये बदन
हो एक बार मगर ज़ख़्म की दुकान भी खुले।

उसको छूकर देख तो लूँ हाथ जलता है जले
वरना शबनम, आग, सब्ज़ा, उम्र भर के वसवसे।

रहम से भीगी हुई पलकें सही जाती नहीं
तू भी ऐ हमराही-ए-शब मुझको तन्हा छोड़ दे।

ख़ून में डूबी हई सड़कों पे कुछ लिखा न था
फिर भी सबने ही सभी दाग़ों के चेहरे पढ़ लिये।

रोशनी बाहर खड़ी क्यों सर पटकती ही रहे
मत निकल घर से मग़र कुछ खिड़कियाँ तो खोल दे।

सर उठाकर जीनेवाले ये तेरी किस्मत नहीं
फल हमेशा ही झुकी शाख़ों के हिस्से में रहे।

आईना देखते रहना भी सज़ा था साहब।
आईना देर तलक सच नहीं कहता साहब।।

दूरे से आए हुए लोग थके हारे थे।
रेत का ढेर उन्हें बिस्तर-ए-गुल था साहब।।

अपनी क़ीमत पे कोई साथ कहाँ देता है।
हम जो कहते थे वहीं देख लिया न साहब।।

हमने जिस्मों को बहुत घर किया तब जाना है।
जिस्म की प्यास का आख़िर नहीं होता साहब।।

बहुत दिनों से वो बरसा न घिर के आया है।
वो यार फिर भी हमें छाँव-छाँव रखता है।।

वो आरज़ू कि जला दे रूआँ-रूआँ सपने।
वो दिल का शहर कि रग-रग में ख़्वाब बोता है।।

हम उसके पास से बिन बोले भी गुज़र जाएँ।
वो आशना है कि ख़ामोशियों को सुनता है।।

वो झाँक लेता है आँखों में अनकहा अहवाल।
और आँख ही से सभी कुछ बता के हँसता है।।

तिरी ख़्वाहिश से आगे कुछ न माँगा।
मगर अहले हवस ने क्या न चाहा।।

तमन्ना अजनबी राहों से आई।
जो पहचाना था सूना रास्ता था।।

चलो आवारगाने शहर चल कर।
उसे ढूँढ़ें जो तन्हा था, भला था।।

हमारा सिलसिला झूठा नहीं है।
हमारा नाम पानी पर लिखा था।।

हमारे 'ताज' साहब अब नहीं हैं।
वो ज़िन्दा थे तो ज़िन्दा इक ख़ुदा था।।

दुनिया

ये दुनिया सात दिनों में बन गयी थी इसलिए अब तक
मशीअत और हम सब
अनगिनत सदियों से इसको
ठीक करने क़ायदे की शक्ल देने में लगे हैं
रात दिन मशगूल रहते हैं।

मशीअत ने सितारों की जगह तय करना
अपने हाथ में रक्खा
समन्दर, नदियाँ, बारिश, गर्मी, जाड़ा, फसलें रक्खी
अपनी कुदरत में
रक्खे सैलाब और ज्वालामुखी भी
अपने हाथों में

हमें सब ऊपरी और बे सर ओ पा काम सौंपे
जैसे सड़कें, महल, खेती, कारखाने
अनगिनत बीमारियाँ, फाक़े, दवाएँ
ख़ौफ अनदेखे दिनों के

ख़ौफ में जीने का
ख़तरों से निपटने का हुनर ख़ुद हमने सीखा
हमने सीखा सरफिरे सैलाब
ख़ुद सर ज़लज़लों को ज़ेर करना

हम ही नित नये ख़तरों की फसलें
बो रहे हैं।

ख़ौफ का सर उतार कर मिलिए
रास्ते में पुकार कर मिलिए
कोई दीवार दरमियाँ न रहे
मुझसे कपड़े उतार कर मिलिए
खुश दिली का मिज़ाज किसको है
हँसता चेहरा उतार कर मिलिए
वो ज़माना शनास औरत है
उससे मिलिए तो हार कर मिलिए
ख़्वाहिशें बेलिबास रहती हैं
कोई भी रूप धार कर मिलिए।

पीले पत्ते काँप रहे थे गिर जाने के डर से।
और हरी शाख़ों को यूँ ही तोड़ लिया लोगों ने।।

सब कुछ है फिर भी पेड़ों पर बात नहीं कल जैसी।
शादी सा मंज़र था कल जब पेड़ों पर पंछी थे।।

भूल हुई कि पेड़ न गिन कर फल की ख़्वाहिश की थी।
आदमक़द नाख़ून बदन में ख़्वाहिश ने बो डाले।।

ये जो बस्ती देख रहे हो मैं इससे बूढ़ा हूँ।
पहले हरियाली थी याँ पर पेड़ रहा करते थे।।

अब भी पेड़ों के जिस्मों पर नाम खुदा करते हैं।
अब भी बूढ़े मिल जाते हैं मेरे बचपन जैसे।।

हवा के साथ रिश्तों की न उलझन है न मजबूरी
वो सब के साथ होती है किसी की भी नहीं होती।

ये छोटे लोग हैं इनसे ताल्लुक़ में है रुसवाई
बड़े होने की ज़िल्लत इस तरह भी उसके सर आई।

मोहब्बत सारा आलम अपनी बाँहों में समेटे है
तुम्हारी दुश्मनी दो एक घर ही तो जला पाई।

हमें दुश्वार राहों से गुज़रने का सलीक़ा है
मगर अहले हवस के साथ रहने की सज़ा पाई।

मूँद कर आँखें हर इक शै क़त्ल की।
ये शुज़ाअत भी उसी के सर गई।।

सर झुकाया तब बची है ज़िन्दगी।
टूट जाने में सरासर मौत थी।।

रौशनी दीवार तक ही आ सकी।
तीरगी अन्दर मज़े करती रही।।

मैं हवा, पानी, परिन्दा कुछ नहीं।
यह नदी जाने कहाँ तक जाएगी।।

लोग मुजरिम की तरह मिलने लगे।
जब से वो लड़की जवाँ होने लगी।।

भागते लम्हों को अन्दाज़ा न था।
लम्हा-लम्हा मौत पास आती गई।।

किस तरफ़ से हो के ये सब आए हैं।
खेलती रहती है होंठों पर हँसी।।

क़भी वो हमसे बज़ारों में आशना न मिला।
ग़ुरूर उसके बदन पर मगर लिखा न मिला।।

मिला वो हमसे फलों से लदे दरख़्तों सा।
वो हमसे ऐसे मिला कोई दूसरा न मिला।।

सभी के सामने सब कुछ ही कह दिया उसने।
वो ऐतमाद किसी को कोई सिरा न मिला।।

हमीं पे क्या है कि इस आरज़ू के जंगल में।
सभी को ख़्वाब मिले ख़्वाब के सिवा न मिला।।

हमीं ने बोये थे ख़्वाबों के बे समर अशजार।
हमीं को दिन की खुली धूप का मज़ा न मिला।।

उस देश में

धूप अपना बिस्तर लपेट कर
हमारी छत पर नहीं रखती
जाड़े सफ़र पर जाने के आख़िरी लम्हें तक
रहते हैं हमारे घर में
लौटते पोटते हैं, मगर जाते वक़्त
कुछ भी छोड़कर नहीं जाते गर्मियों के लिए

हमारे घर आते हैं पैसे
दौलतमन्द रिश्तेदारों की तरह खड़े-खड़े
रोकना चाहते हैं हम उन्हें
उन्हें जाना होता है पार्टी, डिनर या लंच में
कौन बुलाता है पैसों को दावतों में

हमारे घर आती है मौत
बैठती है पलंगों पर, ज़मीन पर, कुर्सियों पर
ले जाती है हमारे किसी को
धूप, जाड़े, रिश्तेदारों और
पैसों के देश से परे
उस देश में

न जाने वहाँ क्या होता है
अब्बा तुम ख़त लिखना
बहन-भाई और माँ तो अनपढ़ थे।

दिन कई दिन से रातों को मरता नहीं अब।
ख़्वाब वो सानेहा जो गुज़रता नहीं अब।।

ज़ेहन में किस यकीं का अँधेरा भरा है।
ख़ौफ क्यों मुझमें गहरा उतरता नहीं अब।।

मुझमें भी पार पा लें न बूँदें किसी दिन।
पहले जैसा मैं अकसर बिखरता नहीं अब।।

ऐ आज़ाज़ील तुम यूँ ही मारे गए थे।
इक तकब्बुर यहाँ ख़्वार करता नहीं अब।।

इस कमरे में ख़्वाब रखे थे कौन यहाँ पर आया था,
गुमसुम राशेनदानों बोलो क्या तुमने कुछ देखा था।

अन्धे घर में हर जानिब से बदरूहों की यूरिश थी,
बिजली जलने से पहले तक वो सब थीं मैं तन्हा था।।

मुझसे चौथी बेंच के ऊपर कल शब जो दो साये थे,
जाने क्यों ऐसा लगता है इक तेरे साये सा था।

सूरज ऊँचा होकर मेरे आँगन में भी आया है,
पहले नीचा था तो ऊँचे मीनारों पर बैठा था।।

माज़ी की नीली छतरी पर यादों के अंगारे थे,
ख़्वाहिश के पीले पत्तों पर गिरने का डर बैठा था।

दिल ने घंटों की धड़कन लम्हों में पूरी कर डाली,
वैसे अन्जानी लड़की ने बस का टाइम पूछा था।।

वो लड़की जो पराई हो रही है।
उसी लड़की से अब भी दोस्ती है।।

न जाने कितने पत्थर राह में थे।
वो हर पत्थर से टकरा के सजी है।।

उसे आवाज़ देकर देख लेना।
सहर आवाज़ के दर पर खड़ी है।।

बहुत बरसें हुईं आदम को रोये।
वो पहली चीख़ अब तक गूँजती है।।

उसे चौदह बरस से पढ़ रहा हूँ।
मगर वो अजनबी की अजनबी है।।

हम उससे सारी उम्र डरे भी तो क्या हुआ।
हम जो थे वो भी रह न सके वो ख़ुदा हुआ।।

बातों ने एहतियात के कपड़े पहन लिये।
सन्नाटा था गुज़र भी गया चीख़ता हुआ।।

सूरज का सुर्ख़ थाल न मैं था न तू था मगर।
देखा गया न मुझसे कभी डूबता हुआ।।

लोगों ने उसके नाम सभी कुछ नहीं लिखा।
उसका कहा हुआ पे अधूरा कहा हुआ।।

कोई न था हवा के सिवा मेरे आस-पास।
इक खौफ़ था बदन में मगर तैरता हुआ।।

अब अपनी आगही की दिवारों पर सर पटक।
है और कुछ ही उसके बदन पर लिखा हुआ।।

दर ओ दीवार को वीरानी नहीं दी जाए।
यह हवा शहर के बाहर कहीं रखी जाए।।

माँगने वालों से हँस कर नहीं मिलते न मिलो।
फिर भी ख़ैरात घरों में न दबा ली जाए।।

कैसे दरवाज़े पे दस्तक सुनें ख़ामोश रहें।
इससे बेहतर है कि लाइट ही बुझा दी जाए।।

यूँ नहीं होता कि हर बात ही चिल्ला के कहें।
यह भी कब होता है हर बार ज़ुबाँ सी जाए।।

गालियाँ सुनते हुए उम्र हुई है 'ताबिश'।
अब बुरे काम करें और दुआ ली जाए।।

•

धार मरती जा रही है

धर मरती जा रही है
बोटला और बोटला करता हुआ
महफ़ूज़ जीने का तसव्वुर
जिस्म के कोने कुचालो में जड़ें फैला चुका है
और शाखों से जटाए फूट कर चारों तरफ से
शख़्सियत को ढाँपती
पल-पल उतरती आ रही हैं।
पाँव तक आकर ज़मीन में अपने पंजे गाड़ देंगी
और भी महफ़ूज़ हो जाऊँगा उस दिन
फिर हवाएँ मेरी दीवारों से सर टकरा के
ज़ख़्मी सर लिए मारी फिरेंगी
रोशनी
मेरे बदन में दौड़ने के ख़्वाब
आँखों से सजाए
ख़ाक उड़ाती ही रहेगी
चीख़ती चिंघाड़ती दुनिया की हर आवाज़ मुझ पर बन्द होगी।
अजनबी हो जाएँगी सारी ज़बानें
और यह महफ़ूज़ जीने का तसव्वुर
मुझको ज़िन्दा मार देगा।

रिश्ता खजियाया हुआ कुत्ता है।
एक कोने में पटक रक्खा है।।

रात को ख्वाब बहुत देखे हैं।
आज ग़म कल से ज़रा हलका है।।

मैं उसे यूँ ही बचा देता हूँ।
वो निशाने पे खिंचा बैठा है।।

जब भी चूकोगे फिसल जाएगा।
हाँ वो गिरने पे तुला बैठा है।।

रात सूरज को निगल ही लेगी।
फिर भी दिन अपनी जगह बढ़िया है।।

कौन से जलते दिनों की बातें।
तुमने सूरज ही कहाँ देखा है।।

रस्ता रिश्ते से बड़ा होता है
जिससे माँगो वो ख़ुदा होता है।

लेट जाता है सरों से आगे
साया कब हमसे जुदा होता है।

रोज़ हम उससे नहीं मिल पाते
न रोज़ ख़्वाबों का भला होता है।

कौन तस्वीर से बाहर लाए
वो वहाँ पर भी भला होता है।

तमन्ना का सर यूँ उतारा गया।
हर इक बीच रस्ते में मारा गया।।

मैं किस किस की आवाज़ पर दौड़ता।
मुझे चौ तरफ़ से पुकारा गया।।

वहाँ जख़्म पर बात ही कब हुई।
फ़क़त आँसुओं को शुमारा गया।।

हर इक ख़ून अब मेरी गर्दन पे है।
'मैं मजबूर हूँ' का सहारा गया।।

हवस थी उसे मेरी हर चीज़ की।
मगर मुझसे सब कुछ न हारा गया।।

सलीब उसने चुनी हमने देर तक जीना,
निदामतों का समरदार पेड़ हम को मिला।

सँभल के जीना सिखाया था जो बुजुर्गों ने
न सीखते तो ख़ुदा अपने साथ भी होता।

तमाम शहर के सारे ख़ुदाओं के आगे
ख़ुदा को छोड़ के क्या-क्या न हाथ फैलाया।

ज़मीर गर्दे मलामत मताए हुस्ने यक़ीं
कि एक साँस में वो शख़्स कह गया क्या-क्या।

चलें उसे भी मलामत की ख़ाक मल आएँ
कि वो यक़ीन के माथे पे मलता था गाज़ा।

जंगलों का कोई भी चेहरा नहीं था।
जिस्म था सो वो भी कुछ कहता नहीं था।।

चाँद, सूरज, बाग़, सड़कें और सितारे।
कल तलक मेरे लिए क्या-क्या नहीं था।।

भागते लम्हों से उलटा दौड़ता हूँ।
और मैं पहले कभी ऐसा नहीं था।।

हो न हो मुझमें कमी सी आ गई है।
मैं तो बचपन में भी यूँ रोया नहीं था।।

वो तो हम ख़ुद थे जो उसको दोस्त समझे।
वो किसी को दोस्त बतलाता नहीं था।।

ओढ़ ली मैंने भी नंगी रात ख़ुद पर।
सब सा हो जाने में कुछ जाता नहीं था।।

ये जंगल है

यह जंगल है
यहाँ पर मंज़िलें
ढूँढ़ने से मिलती हैं

यहाँ पर मंज़िलें हैं
नाचती हँसती हुई आँखों की आवाज़ें
नये रस्तों के अनछुए किनारे हैं
वे निशां जज़्बे
बुलावे
लज़्ज़तों के बे किनारा और सर्द ओ गर्म चश्मे
अजनबी एहसास
ये एहसास
हर ज़र्रे में एक रस्ता दिखाता है
हर एक जानिब से एक मंज़िल बुलाती है।

पिये पड़े रहो क्या फ़र्क़ पड़ने वाला है।
यहाँ तुम्हारे किये से भी कुछ न होना है।।

हर एक शख़्स ख़ुद अपने किये को पहुँचा है।
ये झूठ उसके गए ज़हन ने तराशा है।।

जो जी रहे हो तो उसका सुबूत बतलाओ।
मगर तुम्हें तो ज़माने से अब भी रिश्ता है।।

कहाँ-कहाँ से सियें तार-तार रिश्तों को।
अगर कुछ और जिये बेलिबास रहना है।।

उसे भुला के बचाया है मैंने गिरने से।
नहीं तो सारे जहाँ में उसी का घपला है।।

वो और होंगे कि दरिया की जिनको चाहत है
यह बूँद-बूँद ख़ुशी भी हमें ग़नीमत है।

रहे तलाश में तेरी हाँ छाँव-छाँव रहे
तिरे फ़िराक़ में भी हाल ख़ूबसूरत है।

हमें सलीक़ा नहीं था न सीख ही पाए
ज़माना कहता रहा वक़्त है ज़रूरत है।

यह हाल है तो जुनूँ से भी कुछ नहीं होगा
क़दम-क़दम पे यहाँ आरज़ू की ग़ुरबत है।

यह शहर जाने बचा पायेगा मिज़ाज अपना
हर एक चेहरे पे अनदेशों की मलामत है।

अँधेरा आने से पहले ही आ गई थी रात।
उजले पेड़ों के चेहरे बुझा गई थी रात।।

हमारे घर का सभी कुछ मिटा गई थी रात।
तुम्हारे दर पे सवेरा बिछा गई थी रात।।

छुप लिए थे सभी ज़ख़्म अश्क उजड़े दिन।
इसीलिये तो मुझे और भा गई थी रात।।

नहा गए थे सभी रास्ते वो किस ख़ूँ में।
उस एक रात उजालों में आ गई थी रात।।

पड़ा हुआ था अँधेरा उदास लहरों पर।
समन्दरों को भी सोना सिखा गई थी रात।।

हमारे पास भी कुछ तो न था 'असद' की क़सम।
हमारी हसरत-ए-तामीर ढा गई थी रात।।

क़ायदा कहता है कम से कम दिल आज़ारी करें।
और तक़ाजा ज़हन का हर चीज़ की ख़्वारी करें।।

बेनमक पाकीज़गी सुनसान सहरा ज़िन्दगी।
फिर नए पौधे उगाएँ फिर से बदकारी करें।।

वक़्त ने सारी लगामें उसके हाथों सौंप दी।
इक ग़ुलामी बच रही है इससे क्या यारी करें।।

मैं तो जो कुछ जैसे भी हो जाए कहकर छोड़ दूँ।
जिनको मरने बाद जीना हो वो फ़नकारी करें।।

किस लिए क्यों और कब तक चीख़ें चिल्लाएँ भला।
अब तो कुछ दिन यूँ जिएँ हाँ जी की मक्कारी करें।।

यह सब कुछ हमारी किताबों में है।
उसे आदमियों में मत खोजिये।।

हमें कामरानी से मतलब नहीं।
मगर चलते रहने की तो.फ़ीक़ है।।

किसी के तर.फ़दार भी हम नहीं।
नहीं दुश्मनी भी किसी एक से।।

सर-ए-शाम हंगामा क्या-क्या न था।
यहाँ रोने वाले भी क्या .ख़ूब थे।।

बहुत दिन हुए अब तो उस घर चलें।
ज़रा वो भी हँसता हुआ देख ले।।

पहचान

जहाँ मैं खड़ा हूँ
वहाँ से हर एक चीज़ की इब्तिदा कब हुई है
मुझे जो भी कुछ और जितना मिला है
वो किसका है किसने दिया है।

मैं जो लफ़्ज़ भी बोलता हूँ
मैं जो कुछ भी पहचानता हूँ
मेरे जिस्म को ढाँपने वाले कपड़े
मुझे ज़िन्दा रखने में
मेरी मदद करने वाली ग़िज़ाएँ, दवाएँ
यह मज़हब, यह तहज़ीब, सब कुछ
मुझे दूसरों से मिला है, उन्हें भी किसी दूसरों से मिला है

जिन्हें अपनी पहचान का
सरफिरा ज़ौम है, मैं उन्हें
दस्तबस्ता बुलाता हूँ, आएँ
मुझे रेशा-रेशा उधेड़ें
बताएँ
मुझे सिर्फ़ इतना बताएँ
कहाँ वो अलग हैं
कहाँ मैं अलग हूँ।

यह सन्नाटा बहुत महँगा पड़ेगा
उसे भी फूट कर रोना पड़ेगा।

वही दो चार चेहरे अजनबी से
उन्हीं को फिर से दोहराना पड़ेगा।

कोई घर से निकलता ही नहीं है
हवा को थक के सो जाना पड़ेगा।

यहाँ सूरज भी काला पड़ गया है
कहीं से दिन भी मँगवाना पड़ेगा।

वो अच्छे थे जो पहले मर गए हैं
हमें कुछ और पछताना पड़ेगा।

जिस्म की चाहत से कुछ आगे भी जाकर देखते
अपने ख़्वाबों में उतरते ख़्वाब मनज़र देखते।

बेसमर पेड़ों में थीं अपनी अलग सच्चाइयाँ
फल के दीवानें भला कैसे ठहर कर देखते।

चार दीवारों में अपना घर था उसके हो लिए
बे-दर-ओ दीवार हो जाते तो घर-घर देखते।

सामने भी था गज़ालों, माहपारों का हुजूम
यह नहीं होता तो साहब हम पलट कर देखते।

उसे सामने से करेंगे शिकार।
बुरों में जो करता है कर ले शुमार।।

हमारे लिये आगही ले के आ।
हमें चाहिए ज़िन्दगी तार-तार।।

किसी को नहीं रौशनी की तलब।
सभी माँग लाये हैं ख़्वाबों के ग़ार।।

तिलिस्मात में खो के हम गुम हुए।
अँधेरों से कब कुछ हुआ आशकार।।

सुख़न की न की आबयारी कभी।
कि हम थे ख़ुद अपनी अना के शिकार।।

ये दुनिया बहुत ख़ूबसूरत भी है।
कोई दिन बुरों की गली में गुज़ार।।

मुझे आरजू का दिलासा न दे।
ख़ता करने वालों से कर ले क़रार।।

तितलियाँ फूल कब हैं कि कॉलर में टाँके फिरो।
हाँ अगर ज़िंदगी साथ दे उनके पीछे झपटते रहो।।

ये गुलाबों की क्यारी, झील सी नाज़ुक बदन बेल वो।
तोड़ डालो तो इक दिन की ख़ुशबू है ठहरो ज़रा सोच लो।।

अनगिनत आरज़ुओं के जंगल हैं गीतों के अम्बार हैं।
और बाहर सुलगता हुआ दिन है दिन के ग़ज़ब से डरो।।

मैं भी जिस्मों में भटका हूँ, लज़्ज़त के अंगूर खट्टे नहीं।
और कहीं भी ये लज़्ज़त बदलती नहीं जाओ ख़ुद देख लो।।

सच है वो ख़ूबसूरत है और प्यार करने के क़ाबिल भी है।
हाँ मगर उसके अपने भी सपने हैं उनका कहा तो सुनो।।

इश्क़ हर बार ही आसाँ कब था।
लेकिन इस बार ख़ुदाया तौबा।।

जान लेने पे उतारू आँखें।
माँगती क्या थीं तक़ाज़ा क्या था।।

ख़ून-ए-दिल उसे कहाँ नज़र करें।
हमसे मिलती ही नहीं वो तन्हा।।

उसकी रग-रग से मोहब्बत फूटे।
उसकी बातों में दिलासा, आशा।।

और छू लूँ तो गुमाँ बर्फ़ का हो।
कौन था उसका बनाने वाला।।

तू ख़ुदा है तो ख़ुदाई की क़सम।
उसके सीने में मोहब्बत तो जगा।।

वो किसी से भी मोहब्बत तो करे।
बर्फ़ सा जिस्म जले सूरज सा।।

मैं अकेला

मैं अकेला जा रहा हूँ
बर्फ़ सी ठंडी हवाएँ
सनसनाहट की ज़बान में
कान में कुछ कह रही हैं।
और सन्नाटा बहुत धीरे सुरो में
चाँदनी ओढ़े हुए सोते दरख़्तों को
न जाने क्या बताने पर तुला है
और ये बिजली के खम्भे
अपनी तन्हा आँख रस्ते पर बिछाये
जाने किसके मुन्तज़िर हैं।
कितनी रातों से खड़े हैं
रास्ता नंगा पड़ा है।
इतनी सर्दी में ठिठुरता भी नहीं है
किस बिरह की आग में तन जल रहा है
इस तरह के जाने कितने उलझे–उलझाए मनाज़िर
तुम जो होते
सनसनाहट की ज़बान को
और धीमे सुरों को
और खम्भों की घुटन को, रास्ते की तिश्नगी को
जानने की बात करते
उलझे–उलझाए मनाज़िर के सिरों को
पा ही लेते या न पाते तो उलझते
और फिर लड़ते–झगड़ते रूठ जाते
कुछ न कुछ तो बात बनती।

कालिज में लड़कियों का बड़ा अजदहाम है।
लेकिन हमारे ज़िम्मे पढ़ाने का काम है।।

वो भीड़ थी के नाम से चेहरे न जुड़ सके।
इक याद हाथ आई सो वो भी अनाम है।।

सूरज ने मेरी बात में अंगार भर दिए।
वो भी तो धूप में थी मगर ख़ुश कलाम है।।

बेशक मैं ख़्वाहिशों की ग़लाज़त में गर्क़ हूँ।
तू भी तो अपनी तरके तलब की गुलाम है।।

वो दिन गए के जो भी मिला उससे लड़ लिए।
हैं गाँवों में तो सब से दुआ सलाम है।।

सर अभी क़दमों में आया जाए है।
दोपहर यह भी हमें दिखलाए है।।

ख़्वाहिशें बोई थीं सारे शहर में।
अब घने जंगल से दिल घबराए है।।

ख़ुशमिज़ाजी दिन के हिस्से में कहाँ।
नींद ही कुछ कहक़हे दे जाए है।।

जाने किन हाथों ने ढाला है उसे।
जितना बरतो उतना निखरा जाए है।।

टूट कर चाँद किसी दिन तो ख़लाओं से गिरे।
अक्स के बदले वही झील में लहरा के गिरे।।

वो बहुत देर तक ख़ाली मकानों सा हँसा।
बात बस ये थी वही लोग जो आगे थे गिरे।।

कब तलक धूप को मैं सर पर सजाये रखूँ।
जिस्म के ग़ार में एक आध किरन आके गिरे।।

मैं हूँ अजदाद के पंजों से नुची लाश मगर।
चाहता हूँ मिरा खूँ मुझमें ही आ-आ के गिरे।।

बचपन में तितलियों पे झपटने का शौक़ था।
वो शौक़ लड़कियों ने जवानी में डस लिया।।

'ग़ालिब' के साथ मर न सका उस सदी का दुख।
अपनी सदी के ज़हर में वो दुख भी घुल गया।।

लोगों ने उसकी लाश की तसदीक़ कर भी दी।
लेकिन जो मुझमें आन छुपा था छुपा रहा।।

काले दिनों को खोज के वो घर में जा छुपे।
सूरज फ़कीर बन के खड़ा चीख़ता रहा।।

ज़ख़्मों से चूर जिस्म पुकारा किए इधर।
लाशों को रौंद आएँ उन्हें हौसला न था।।

मछली की तरह उसको तड़पते हुए देखा,
मैं कोई न था उसका तो ख़ामोश खड़ा था।

उसने तो बहुत देर तलक हाथ हिलाए,
मैं दूसरी लड़की की तरफ़ देख रहा था।

माना के वो शहरों से गुज़रते हुए आए,
चहरों पे मगर गाँव के आगे न लिखा था।

डूबे हुए सूरज से शिकायत है मगर मैं डूबे,
दिन भर ही अँधेरों को बुलाने में जुटा था।

मैं जिसकी तरफ पीठ किये बैठ गया हूँ,
वो शख्स कभी मेरे लिए कितना भला था।।

वो आदमी

दिन भर सूरज की किरणों में नाचा
जो कुछ पाया वो भी खाया
जिसको पाया प्यार जताया
शाम हुई तो
घने दरख़्तों पर जा बैठा
या ग़ारों में छुपके सोया

डर जब भी था
अँधियारे, बारिश, बिजली
साँप, कँटीले जानवरों का
वो सब ही यक्साँ थे
डर जाने और प्यार जताने में।

आहट हुई तो टूट गया याद का बदन,
फिर उसके बाद ग़ार, खंडहर, आँधियों का रन।

जो उसका जिस्म छोड़ गया उसको ढूँढ़िये,
घुल जाइये हवा में उतरिये बदन-बदन।

दिन कट के गिर पड़ा है मकानों के जिस्म पर,
सूरज का सर लपेट रहा है किरन-किरन।

माँ थीं तो उसकी जान पे कितने अज़ाब थे,
लेकिन उसी पे बोझ बना घर का सूनापन।

मैंने उसे छुआ तो इरादा ही कुछ और था,
नंगी हवा भी वरना कही जाती बदचलन।।

मैं उसके ख़्वाब में, कब जा के देख पाया हूँ,
है और कोई वहाँ पर के मैं ही तन्हा हूँ।

तुम्हें ख़बर है घरौंदों से खेलते बच्चों,
मैं तुम में अपना गया वक़्त देख लेता हूँ।

तुम उस किनारे खड़े हो बुला रहे हो मुझे,
यक़ीं करो के मैं उस ओर से ही आया हूँ।

वो अपने गाँव से कल ही तो शहर आया है,
वो बात-बात पे हँसता है मैं लरज़ता हूँ।

वो कह रहे हैं के रिवायत का एहतराम करो,
मैं अपनी नाश की बदबू से भागा फिरता हूँ।

रिवायतन मैं उसे चाँद कह तो दूँ ताबिश,
कहीं वो यह न समझ ले के मैं बनाता हूँ।।

हम जहाँ बैठे हैं उस ओर न आया जाए,
दिल के रिश्तों का वहाँ ज़िक्र न छेड़ा जाए।

आस्तिनों में यहाँ साँप नहीं, बुत भी नहीं,
दोस्त दुश्मन का जो पैमाना है बदला जाए।

उसको चाहत तो नहीं फिर भी ग़नीमत जानें,
जब भी वो आए तो सीने से लगाया जाए।

घर में होने के बहुत सुख हैं मगर क्या कीजै,
घर से बाहर भी वो कुछ है कि न छोड़ा जाए।

आओ हम दोनों गले मिलके ख़ुशी से बिछड़ें,
और फिर ताज़ा तमन्नाओं को ढूँढ़ा जाए।।

धूप चढ़े तक सोती बस्ती के बाशिन्दों से मिलिए।
इंसानों से मिलती जुलती ताजा क़बरों से मिलिए।।

उनकी तिशना ख़्वाहिश कुछ है लेकिन सपने हैरतनाक।
ख़्वाब में फाइल दर्शन करने वाले लोगों से मिलिए।।

आप कहाँ तक सोती राहों की उलझन में उलझेंगे।
नंगी राह का सीना ढ़कने वाले पेड़ों से मिलिए।।

अब ये चेहरा क्या है जलते युग का उधड़ा रस्ता है।
मेरा माज़ी ये चेहरे हैं मेरे बच्चों से मिलिए।।

इक दिन ऐसा भी तो हो सूरज से पहले जागूँ,
दिन शरमाते देखे हैं इक शब शरमाती देखूँ।

दस सालों में पहले दिन कल मैंने यह सोचा,
नोट लगाने के बदले फाइल पर ग़ज़लें लिख दूँ।

आरजुओं के होंठों पर सन्नाटा सा फैला है,
आप कहें तो चीख़ों से सन्नाटा गहरा कर दूँ।

रेलिंग से लटकी औरत बच्चा भी तो थामे है,
पैसेंजर कुछ भी सोचें मैं उससे बच्चा ले लूँ।

जिस गुड़िया के दबने से सीटी बजने लगती है,
'ताबिश' उसके कदमों में क्यों न अपना सर रख दूँ।।

जब जंगल बस्ती में आया

मेरे चारों ओर मकानों से आती आवाजें
सड़कों पर लहराती अनगिन मोटर कारें
स्कूलों से हँसती, छनती ज़िन्दा भन-भन
लैम्पपोस्ट से बहती जगमग धारा
हँसते लोगों से भरपूर दुकानें, सड़कें
अख़बारों में छपने वाली ऊँचे इंसानों की ख़बरें
जो बरसों में पूरे होंगे ऐसे मनसूबों की बातें
कहती हैं।

हम सब ज़िन्दा हैं
अरसे तक ज़िन्दा रहना है
अगले बीस बरस में बस्ती
अपनी पक्की सड़कें लेकर जंगल के कोने-कोने में
बस्ती का महफ़ूज़ तसव्वुर पहुँचा देगी

लेकिन जंगल
सड़कें बनने से पहले ही
जंगल का कानून उठाए
आ जाता है।

सब ज़िन्दा हैं
बस्ती जंगल
अरसे तक ज़िन्दा रहना है
जंगल, जंगल।

हमने कितना कहा था के चेहरे बदलने का गुर सीख लो,
तुमने माना न था तो अब जाओ तन्हा भटकते फिरो।

जब समन्दर में गहरे उतरने का तय कर लिया है, तो फिर,
मीठे पानी की ख़्वाहिश किनारे खड़ी रेत पर डाल दो।

रोशनी ही अगर कोढ़ का दाग़ है रात के जिस्म पर,
मेरे काले बदन में भी दिन है उन्हें नोच कर फेंक दो।

वो के हर हाल में मुस्कराता है लोगों से लड़ता नहीं,
बस उसे छोड़ कर जो भी मिलता है उस पर भरोसा करो।

हम ज़ुबानों में चुप रहते लड़ते झगड़ते ज़माना हुआ,
और अब वक़्त का हुक्म है अजनबी शहर में जा बसो।।

सो गए तो भी ज़माना ख़्वाब बनकर आ गया,
वक़्त से यूँ भागना तो और भी महँगा पड़ा।

क़हर था आँखों के नेज़ो पर टिके रहना,
सिलसिला यूँ ही था क्या करते यूँ ही चलता रहा।

मौत का डर, बदहवासी, क़त्ल, चोरी, ख़ुदकुशी,
जो मिरा हिस्सा था उनमें से वही मुझको मिला।

वक़्त के खूँख़ार पंजों में तो बेबस था हर एक,
छूटने को जो तड़पता था वो आलूदा न था।

नीम के पत्तों ने रोकी धूप झुलसाया बदन,
और वो साये की ख़बर देने से पेगेम्बर बना।।

रातों के ख़ौफ दिन की उदासी ने क्या दिया।
साए की तरह लेट के चलना सिखा दिया।।

घर में आ के बैठ गई धूप मेज़ पर।
बच्चों ने खिलखिला के मुझे भी जगा दिया।।

वो कल शराब पी के भी संजीदा ही रहा।
इस एहतियात ने उसे मुझसे छुड़ा दिया।।

इक बार उसके जिस्म के अन्दर भी झाँक लूँ।
मैंने ही उसको कौन-सा सब कुछ बता दिया।।

अपना लहू निचोड़ के देखूँगा एक दिन।
जीने के ज़हर ने उसे क्या कुछ बना दिया।।

किसी तरफ़ भी चलूँ रास्ते में दरिया है।
कोई नहीं मुझे मेरा ही मैं डराता है।।

हर एक शख़्स इसी घर से हो के गुज़रा है।
यही हवस थी कि रस्ते में घर बनाया है।।

लपेट ले के ज़माना शनास चेहरे पर।
तिरे कहे के बजाए कुछ और लिखा है।।

मैं उससे जोड़ भी डालूँ तो ख़ुद ही हारूँगा।
वो सारे शहर को ख़्वाबों में मार लेता है।।

ख़्वाहिशों के सर्द पत्थर होंठ जब चूमें न थे।
हम तिरे आतिश बदन के इस क़दर भूखे न थे।।

अब तो रास्तों ने भटकने के मजों को डस लिया।
वो भी क्या दिन थे कि मंज़िल थी मगर रस्ते न थे।।

देख लेने से ज़्यादा तुझको तड़पाना भी था।
हम तिरे रस्ते में यूँ ही बेसबब बैठे न थे।।

सोचते रहिये कि किन नस्लों का ख़ूँ है जिस्म में।
आगे शजरे में समर होंगे नज़र आते न थे।।

आ के हो जा बेलिबास

दिन जो कुछ कहता है मत सुन
धूप काँधों पर उठाने से भी नट जा
ढेर से गुस्से को अपनी मुट्ठियों में भर के ले आ
शहर भर के मुँह पर मल दे
हर तरफ कालिख ही कालिख पोत दे, दीवारों दर पर
दिन के सब आसार ढा दे
नोच ले आकाश से जलते हुए खुर्शीद को
धूप की चादर को कर दे तार-तार
फिर घर आ के हो जा बेलिबास

बन्द हो जा घर की अंधी कोठरी में
बन्द रह लंबे समय तक
जब तलक सूरज तेरे अपने ही काले ग़ार से
बाहर न झाँके बन्द रह

धूप जब तक कोढ़ की सूरत तेरे काले बदन को
फोड़ कर बाहर न निकले बन्द रह
जब तलक गुस्से का काला झाग तुझमें खो न जाए
बन्द रह, बन्द रह लम्बे समय तक

यह ग़लत फहमी कि तेरे बन्द रहने से
यहाँ कुछ कम हुआ है, भूल जा
भीड़ के इतने बड़े जंगल में
कब कुछ कम हुआ है।

आसमाओं से आग बरसेगी।
बेहिसी का जवाब माँगेगी।।

क़हक़हे चौं तरफ से घेरेंगे।
आँसुओं की बारात उतरेगी।।

रक़्से बिस्मिल गली-गली होगा।
हर सदा बेजवाब लौटेगी।।

तुम भले दूर तक चले जाओ।
मौत उससे भी आगे जाएगी।।

जाने वालों पे इस तरह न हँसो।
ये हँसी देर तक रुलाएगी।।

उसके दर से भी कुछ न मिलना है।
आरजू खाली हाथ आएगी।।

हम भी लफ़्ज़ों के मर्द हैं 'ताबिश'।
हम से दुनिया न बदली जाएगी।।

हर एक चेहरे पर लिखा हुआ है उसका सफ़र।
तू अपने ज़ोम में, यूँ बे पढ़े हुए न गुज़र।।

ये हाथ भी किसी सूरज को छू के पिघला है।
ज़रा ख़्याल में इस हाथ को भी ज़िन्दा कर।।

सड़क-सड़क हैं गटर, नालियाँ, बदन, कब्रें।
मगर वो लाश लिए घूमता है काँधे पर।।

बदन-बदन की तमन्ना का तर्जुमा मालूम।
गली-गली में हुए ख़्वार हाथ फैला कर।।

वो दिन के सारे लवाज़िम समेट लाई थी।
मज़ाक बन गया मैं खाली हाथ घर आकर।।

किसको ख़ुश फहमी है अपने दौर का सुक़रात है।
हम तो जब घर से चले थे चौं तरफ थे रास्ते।।

वो तो जो 'कुछ भी नहीं थे' जुर्म गिनवाने लगे।
और जो 'कुछ' थे वो सोचों में थे और ख़ामोश थे।।

हमने आँखों से तो देखा न पहचाना ही कुछ।
सारी चीज़ों के लिए पहले ही से कुछ नाम थे।।

वो भरे बाज़ार में क्यों टूट कर मुझसे मिली।
दोस्ती मुझसे बहुत कब थी जलाती थी किसे।।

माँ ने कह रक्खा था बेटा आदमी रोते नहीं।
इसलिए जब भी अकेले में हुए तो रो लिए।।

जिन ख़्वाबों से नींद उड़ जाए ऐसे ख़्वाब सजाए कौन।
इक पल झूठी तसकीं पाकर सारी रात गँवाए कौन।।

यह तन्हाई यह सन्नाटा दिल को मगर समझाए कौन।
इतनी भयानक रात में आखिर मिलने वाला आए कौन।।

सुनते हैं कि इन राहों में मजनूँ और फरहाद लुटे।
लेकिन अब आधे रस्ते से लौट के वापस जाए कौन।।

सुनते समझते हों तो इनसे कोई अपनी बात कहे।
गूँगों और बहरों के आगे ढोल बजाए कौन।।

इस महफिल में लोग हैं जितने सबको अपना रोना है।
ताबिश मैं ख़ामोश तबियत मेरा हाल सुनाए कौन।।

तलब का तमाशा भी क्या ख़ूब था
सितारों को शब हमने तकिया किया।

समन्दर से आगे भी थीं बस्तियाँ
ज़मीं ही ज़मीं और ख़ुदा ही ख़ुदा।

ख़ुदा जीने वालों को दरकार है
अँधेरों में सब माँगते हैं दीया।

दुआओं से भी हल हुए मसअले
हर इक मुब्दतिला-ए-ग़रज़ कब हुआ।

वफ़ादारियों के लिए ढूँढ़िए
मुए 'मीर' साहब को अरसा हुआ।

वो 'ताबिश' बहुत सों से शर्माएँ है
बहुत पेड़ बो-बो के झुकता गया।

सफ़र

रात जब हर चीज़ को चादर उढ़ा दे
ढाँप ले काले परों में
आग लपटों सी ज़बानें
अजदहे जब अपने अन्दर बन्द कर लें
तब उसी काले समय में
तुम घरों की क़ब्र से बाहर निकलना
और बस्ती के किनारे
ख़्वाब में ख़ामोश बहते आदमी से
आ के मुझको ढूँढ़ लेना
मैं वहीं तुम सब से कुछ आगे मिलूँगा
अँधेरा सा तुम्हारे आगे-आगे मैं चलूँगा

रोशनी लेकर चलूँगा
तो मुझे तुमसे भी पहले और कोई ढूँढ़ लेगा।

सारी बस्ती घूर रही है तेरे मेरे रिश्ते को
काज़ी जी का रोग लगा है हर बूढ़े हर बच्चे को।

अपने पास रक्खा ही क्या है छोड़ो भी अन्देशे को
बस ले दे के बच पाई हैं ज़ंजीरें ही खोने को।

सोने चाँदी के जिस्मों की गूँगी-बहरी बस्ती में
हम पागल पत्थर के युग का दिल लाए नज़राने को।

अगले के गिरने से सँभलें पिछले सब ही कहते हैं
ताबिश आओ शाबाशी दें आगे गिरने वाले को।

ये पूछताछ कठिन रास्तों से पहले है
वहाँ मिलेगा कोई तब तो कुछ बतावे है।

यहाँ का जो है यहीं छोड़ छाड़कर चलिए
वहाँ भी बोझ छड़ा आदमी ही माँगे है।

मकाँ में धूप यूँ ही बेसबब नहीं आई
अँधेरा रूठ छुपा है उसे तलाशे है।

ये सनसनाती हुई सीटियाँ बजाती हवा
न तेरे लम्स की पागल न मुझको चाहे है।

ये लम्हा-लम्हा गुज़रता जहाँ नहीं मरता
बदन-बदन में क्या रूप धार लेवे है।

आँखों को हवस दिल को तमन्ना भी अता की
लेकिन दुखी रहने की मलामत नहीं बख़्शी।

उसने हमें क्या-क्या न दिया दरिया दिली से
हमने भी कभी पाँव से माटी नहीं झाड़ी।

वो प्यार के रस्ते का घना पेड़ है बेशक
धूप उसका बदन चीर के हम तक नहीं आई।

सूरज की क़बा कौन पहन कर यहाँ निकले
इक हम थे के बस हम पे कयामत नहीं टूटी।

वो लोग सितम पेशा न थे फिर भी रहे थे
हाँ हमने उन्हीं से कभी गाढ़ी नहीं छानी।

शिकायत का हमें यारा नहीं है
कि हम पे बन्द दरवाज़ा नहीं है।

हमारे आगे क्या आएगा साहब
अगर आया तो दिल छोटा नहीं है।

परिंदों से भरी है सारी बस्ती
ये मकतब शहर का मारा नहीं है।

हमें सोने का ख़मियाज़ा नहीं है
कि ख़्वाबों का शजर सूना नहीं है।

सितम सहने में हम यक्ता नहीं हैं
सितमगर भी सितम पेशा नहीं है।

ऐसी कब दिल की ख़राबी होती
बात कब जाके समझ में आई।

रोज़ हम शहर से यूँ ही गुज़रे
रोज़ ही ख़्वाब में ख़्वाहिशें देखीं।

तेरे हिस्से में सभी कुछ कब था
और हो भी तो यहाँ कौन कमी।

माँग लेते हैं के देते हैं यूँ ही
ख़ूब रूओं से यह आदत सीखी।

कारवाँ आज पुराने किस्से
अब कहाँ ख़ौफ़ कहाँ समसफ़री।

एक नज़्म

सुनो हम दरख़्तों से फल तोड़ते वक़्त
उनके लिए मातमी धुन बजाते नहीं
सुनो प्यार के क़हक़हों और बोसों के मासूम लम्हों में हम
आँसुओं के दीयों को जलाते नहीं।

और तुम लम्स बोसों सुलगती हुई गर्म साँसों में
आँसू मिलाने पर क्यों तुल गयी हो

सुनो! आँसुओं का मुक़द्दर
तुम्हारा मुक़द्दर नहीं
तुम अभी मौसमों से परे
अपनी रूदाद के सिलसिलों से परे
दूर तक जाओगी
कामराँ जाओगी
तुम न जाने कहाँ मेरी परवाज़ से
मेरी रफ़्तार से, मेरी हर बात से
और भी दूर तक जाओगी
मैं कहीं राह में ख़ाक हो जाऊँगा
आँसुओं को बचाकर रखो
इनका भी इक समय आएगा।

हवस में वो मेरे बराबर की है
उसे भी सभी लोग प्यारे लगे।

ख़ुदा से बहुत कुछ मिला है हमें
और हम के सज़ाओं के हक़दार थे।

ये घर क़हक़हों का ही मरकज़ रहा
लतीफ़े बनाने में हम ताअक़ थे।

झमा झम बरसते हुए चार दिन
मुझे मेरे माँज़ी में पहुँचा गए।

उन आँखों का इक़रार भी ख़ूब था
दिलासों के हमराह थे वसवसे।

उन आँखों में बिन बोले ही मादर ज़ाद तकाज़ा है
ख़्वाहिश-ख़्वाहिश बकने वाला मलबूसाती कीड़ा है।

उसके चारों ओर फिरें क्या उसके अन्दर उतरें क्या
अपने अन्दर उतरने का ही क्या कुछ कम पछतावा है।

सन्नाटे की दीवारों से सर टकरा के मर जाओ
चीख़ों का ज़ालिम दरवाज़ा क़द से काफ़ी ऊँचा है।

गलियों-गलियों ख़ाक उड़ा ली हर दरवाज़ा झाँक आए
इस पर भी ये ख़्वाबों जैसा धुँधलापन हाथ आया है।

कितने ही चाहे जिस्मों की लाशें मंज़र-मंज़र है
लेकिन अनगिन ख़ुशिओं का भी आँखों से रिश्ता है।

रात की गर्दन से क़तरा-क़तरा ख़ूँ टपका किया
बस यही कुछ रोशनी के नाम पर हमको मिला।

डूबते सूरज हमारे नाम का मत ख़ूँ बहा
तू कहाँ डूबा है तू फिर कल सवेरे आएगा।

ख़्वाब नींदों का नगर, तितली, तिलिस्मी रोशनी
अज़दहा सूरज सभी कुछ मिटा कर रख गया।

जागने वाले ही सब कुछ डूबते देखा किए
वो जो सोते थे उन्हें अंदाज़ा-ए-ग़म ही न था।

सारे पैगम्बर, नबी, अवतार, उपदेशक, वली
रात के पत्थर से जूझे तो मगर क्या हो सका।

आँगन से घर के अन्दर तक पल दो पल का रस्ता है,
लेकिन वो अनगिन सदियों से आँगन में ही बैठा है।

जाने उसके जी में क्या है सबसे सहमा रहता है,
चुप रहकर ही बच सकता है शायद वो ये समझा है।

अपने अन्दर जल बुझने की लज़्ज़त से इनकार नहीं,
लेकिन मेरा चेहरा तो पढ़, देख इस पर क्या लिखा है।

लम्बे अरसे तक बेमक़सद जीने के दुखयारों पास
या तो कुछ बीती बातें हैं या उनका ख़मयाज़ा है।

बेशक जलती दोपहरी में वह आए उम्मीद नहीं,
फिर भी मैंने हर आहट पर पीछे मुड़कर देखा है।

लज़्ज़तों के सुर्ख़ चीते को पुकारा चाहिए।
सर्द ठुठराया बदन ख़ूँ से घुलाया चाहिए।।

अपने हिस्से की उड़ी नींदों को पाने के लिए।
भागते पुरशोर लम्हों को निचोड़ा चाहिए।।

चाहिए था आज़मूदाकार औरत का विसाल।
ख़ैर अब जैसी भी हाथ आई निभाया चाहिए।।

भागते भूतों के तन पर अब लँगोटी भी नहीं।
सोचते रहिए के उनसे क्या छिनाया चाहिए।।

सवेरे के बाद

फूल रस्ते पर पड़े हैं
रात के गहरे अँधेरे में भटक कर
शाख़ों की पुर पैंच और सुकड़ी डगर से
पैर फिसला था
तो नीचे आ गिरे हैं

और अब सूरज की
सोने की नसेहनी के सहारे
आँखों ही आँखों में
ऊपर चढ़ रहे हैं
और चिड़िया
हँस रही हैं।

मेरे अन्देशे मिरे घर में उदासी बो गए।
धूप ओढ़े दिन मिरे आँगन में रातें हो गए।।

जाने किस नफ़रत का ख़मियाज़ा है अपनी बेघरी।
जितने दरवाज़े थे घर में आम रस्ते हो गए।।

पहले ज़ख़्मों पर बहुत हंगामा आराई हुई।
धीरे-धीरे ज़ख़्म चेहरे की निशानी हो गए।।

गुज़रते हुए दिनों की सड़ी लाश ओढ़कर।
था कितना ख़ुश उड़ाता फिरा ख़ाक दर बदर।।

हर इक बदन को गर्म समन्दर की प्यास थी।
हर एक मुतमइन है मगर आके नहर पर।।

मेरे भी चारों ओर मसाइल की आग है।
बैठी हुई है वो भी सवालों के ढेर पर।।

सोए हुए तालाब सा ठहरा हुआ चेहरा।
उसका तो न था जाने कहाँ से उठा लाया।।

हर रात शनासाई से सहमा हुआ पहुँचा।
हर रात नया बाब बदन पर लिखा पाया।।

कम उम्र है मालूम न होगा उसे कुछ भी।
इस ख़ाम ख़्याली ने मज़ा कर दिया दूना।।

सड़कें सो गईं रात भी सुनसान थी यूँ ही।
कल रात भी रस्ते में उसे कौन मिला था।।

मैं झूठ का आदी नहीं फिर भी यही सच है।
मैं जब भी मिला उससे कभी सच नहीं बोला।।

वो मेरे लिए आँखें बिछाए थीं कभी से।
मैं सारी किताबों का गुनहगार खड़ा था।।

हवस यह दिन हमें दिखला रही है।
मलामत चौतरफ़ से आ रही है।।

मिरे हिस्से का ग़म उसको न दीजे।
वो अपने आप पिसती जा रही है।।

तमन्ना शहर भर, दामन लबालब।
वो लड़की बाम पर लहरा रही है।।

मगर उसके लिए क्या सूरतें हैं।
वो सूरत गर है, ख़ुद पछता रही है।।

सलीक़ा, होशमन्दी, बे सबाती।
उसे हर चीज़ ही रास आ रही है।।

ज़माना उसके घर दस्तक न देगा।
वो हर दरवाज़ा ख़ुद खुलवा रही है।।

बुरा क्या था जो ख़ुद की मान लेते।
नहीं मानें तो अब औरों से सुनिए।।

रवइय्यों के उजालों में नहा कर।
हम उसकी आँख से ओझल हुए थे।।

अगर तुझसे न कह पाये तो क्या ग़म।
सभी अहबाब सब कुछ जानते थे।।

कोई पहले पहल यह सब हुआ है।
यहाँ बचपन में भी यह सिलसिले थे।।

हमें ख़्वाबों से कुछ मतलब नहीं था।
ख़्यालों में बहुत कुछ कर चुके थे।।

फिर हमने इक प्यार किया फिर वही हुआ।
वो दिलबर भी 'ताहेरा ख़ाँ' से हार गया।।

आँगन भर की धूप पुराना किस्सा है।
'शन्नो', 'नम्मो' को पूरा आकाश मिला।।

'हाशिर, साख़िर' के लकशन बतलाते हैं।
ढूँढ़ ही लेंगे कुछ दिन में अपना रस्ता।।

'रावत' पोखर की सब नज़्में याद आईं।
बीता वक़्त बहुत गहरे में ले आया।।

ज़ोम बहुत था हमको अपने शेरों पर।
लेकिन 'इजलाल' कहाँ से आ टपका।।

जीना सीखा हमने जाने किस-किस से।
है उन सब में एक 'आफ़ाक़' प्यारा सा।।

तेरा नाम लिए बिन तुझसे कहना है।
तूने हम को तड़पाया बस तड़पाया है।।

'ताबिश' साहब दर-दर भटके-भटकेंगे।
जीते जी क्यों छोड़े ख़ुशबू से रिश्ता।।

नोट : हाशिर, साख़िर उनके बेटे, नम्मो, शन्नो उनकी बेटियाँ, इजलाल मजीद उर्दू के और भगवत रावत हिन्दी के बड़े साहित्यकार। आफ़ाक़ अली उनके लँगोटिया यार।

कुछ चुनिन्दा अश्आर

मैं चिड़ियों को उलझती देख लड़ती समझता हूँ
मगर सच्चाई क्या है यह उन्हीं से पूछना होगा।
तुम्हारा जिस्म मेरी आग में तप के निखरता है
मगर इक रोज़ मेरा जिस्म ठंडा पड़ गया होगा।
मुझे ख़ुशबू लपेटे जिस्म कुछ अच्छे नहीं लगते
मगर उसको मिरा ख़ाली बदन भी काटता होगा।

***

हर एक झूठा पैयम्बर है यह भी ठीक नहीं
कहीं-कहीं तो मगर सबके साथ घपला है।
जो थूकता है हर इक चीज़ से अँधेरे को
कभी-कभी वही दिन मुझमें डूब जाता है।
हर एक सिम्त गलाज़त भरे समन्दर हैं
मगर यह मैंने किनारे खड़े ही समझा है।

तलघरों में मकाँ बनाते हो
तुम ख़ुद अपने किये के मारे हो।
मैं तो जब भी उदास रहता था
तुम बिछड़ के बताओ कैसे हो।
अज़मते मनगढ़न्त कहानी हैं
तुम फ़ख़त ग़ार ही बदलते हो।

***

मेरे घर में रहता है लेकिन सोचो
मेरी आँखों के आँसू क्यों पी ले।

***

समन्दर अजनबी, हमज़ाद चेहरे, बेनिशाँ दरिया
सभी गहरे अँधेरे ग़ार हैं, सब बे किनारे हैं।
उजाला अपने घुटनों में दिए सर थक के बैठा
ह
अँधेरे हैं के दीवानों की सूरत रक़्स करते हैं।

कौन किसके हुक्म से नंगा हुआ
है मदारी कौन और बन्दर है कौन।
अपनी झल्लाहट को गाली सौंपिए
देख लेंगे बाद में सर पर है कौन।

***

बात की लज़्ज़त उसे छूने के दिन जाते रहे
दूर बैठे जितनी आँच आए उसी में ताप लो।

***

भाड़ में झौंक दो सड़ा अख़लाख़
जो भी कहना है बेधड़क कह जाओ।
कौन किससे डरा हुआ है यहाँ
बुज़दिलों, बुज़दिलों में फ़र्क बताओ
आज उसने कहा है आने का
आज की रात चैन से सो जाओ।

यूँ तो हम मिटने वाले हैं, यूँ तो हम बंजारे हैं
लेकिन शक्लें मिट जाने से क्या इंसा मर जाते हैं।
'ताबिश' कोई नील गगन में, हो भी तो क्या होता है
ख़ुद हमको ही ऊँचाई से, इंसाँ कीड़े लगते हैं।

***

हम जुनूँ और न हवस जानते हैं
हम तो जाने हैं दिलों का मिलना
घर दिया फिर उसे वीरानी दी
तुमको आया नहीं हमसा होना।

***

और 'ताबिश' और 'ताबिश' देखना
'मीर' से ता हाल वो ही सिलसिले।

हर रास्ते का एक सिरा घर से जा मिला
यह सोचकर तो मैं न चला था कि घर मिले।
तारीक रात जिस्म के अन्दर उतर गई
सूरज के दाग़ सिर्फ़ मिरी खाल पर मिले।
वो आदमी था बात पर क़ुर्बान हो गया
काले ख़ुदा का सर ही कहाँ था जो सर मिले।

***

समझ रहे थे वो बिछड़ा तो मर ही जाएँगे
बिछड़ गए तो खुला भेद यूँ ही डरते थे।
मैं उसके जिस्म से क्या चाहता हूँ बतला दूँ
हटाओ भी कि तुम उसे मज़ाक समझोगे।
बहुत हुआ तो उसे रास्ते में देख लिया
बहुत दिनों से यही कुछ बचा है ले दे के।
किसी के साथ भी पीने को मन नहीं करता
न जाने उसके अकेले के कितने चेहरे थे।

ख़्वाब शहरों से गुज़रने की सज़ा पाई है
रात जलते हुए चेहरे पर उतर आई है।

दिन को बाँहों में लिये घर में चली आई है
साँवली लड़की क़यामत का जिगर लाई है।

कब यह चाहा था के सब टूट के चाहें मुझको
फिर भी कुछ बात है जो तरके तलब भायी है।

***

मैं जलती रेत ज़ीस्त से गुजरा हूँ नंगे पाँव
आसाइशों में मुझको कोई क्या दिखाई दे।

पहले मैं इसको चूम के इज़हार कर तो दूँ
फिर उसके बाद आगे का रस्ता दिखाई दे।

जाड़ों की रात उससे लिपट सोने का मज़ा
सूरज उसी के जिस्म में डूबा दिखाई दे।

तरके लिबास उसके लिए लाज़मी नहीं
मुझको वो हर लिबास में नंगा दिखाई दे।

रात को फिर निगल गया सूरज
शाम तक फिर इधर-उधर भटको।

जिससे मिलते हो काम होता है
बेग़रज़ भी कभी किसी से मिलो।

***

यह ज़माना है सँभलकर मिलिए
इसको आता है मिटाना-मिटना।

कौन सी चीज़ पे जाँ दे बैठे
आपके आगे रक्खी थी दुनिया।

***

उसे ही कौन सा सुख है, जो अपनी बात करूँ
हैं बन्द उस पर भी लज़्ज़त के सारे दरवाज़े।

मुझे भी घुन की तरह खा रही है पाबन्दी
तिरे लिए भी तिरी कैद जान लेवा है।

कितनी आँखों में ख़ाली सपने देखे
बच्चों के से कितने बूढ़े जिस्म मिले।

सच पूछो तो, तो भी इक औरत निकली
जिसको क़ातिल सुनते-सुनते कान पके।

***

डरने के लिए और भी चीज़ें हैं जहाँ में
लेकिन यह भले लोग, मोहब्बत से भरे घर।

माँ थीं तो कहा करती थीं मत भटको जहाँ में
हर शय के लिये हक़ ने बनाया है मुकद्दर।

***

भागता भूत बे लँगोटी है
खाल नुचती नहीं है मत झूमो।

इस तरफ मैं हूँ उस तरफ मैं हूँ
मुझको चाहो भी, मार भी डालो।

रात के काले खंडहर में कुछ तो फेंक आया हूँ मैं
फूल से सूरज से वरना क्यूँ छुपा फिरता हूँ मैं।

अपनी आँखों की अँधेरी झील में गिरतों को देख
एक मैं हूँ, दूसरा मैं, तीसरा और चौथा मैं हूँ।

इतना छोटा हूँ कि नंगी आँख में आता नहीं
और किताबों में ज़मीं ता आसमाँ फैला हूँ मैं।

***

मेरे अपने अन्देशों को बाहर नाहक़ ढूँढ़ो हो
ख़ुद ही इनका ख़ालिक़ हूँ ख़ुद ही इनका मारा मैं।

छोटी-छोटी उम्मीदों पर लम्हा-लम्हा मरता हूँ
जो जन्नत को तज आया था उस आदम का बेटा मैं।

***

उसने साये की ख़्वाहिश को मेरा बचपन कह के
ख़ुद साये में रहकर मुझको भट्टी में ला झोंका।

सब साथी कहते हैं 'ताबिश' कुछ करके दिखलाओ
ख़ाली बातें करते-करते बूढ़े मत हो जाना।

खिड़कियों से झाँकते चेहरों के बँटवारे हुए
उनके बिन जाने ही हर कोई किसी का हो गया।
धूप चाँदी औरतें, फौलाद काले आदमी
ख़्वाब मंज़र धुन्ध, रोशन झुरमटों में खो गया।

***

अब तो फल आ गए हैं शाख़ों में
सर बुलन्दी पुराना क़िस्सा है।
देर से आए पर ग़नीमत जान
उसका घर रास्ते में पड़ता है।
तेरे घर आए तेरी चाहत में
बेसबब कौन किससे मिलता है।
जिसको चाहो सभी को बतला दो
ढलती उम्र का यह तक़ाज़ा है।

उलट-पुलट के उसे चौं तरफ़ से देखा क्यों
निबाह करनी थी ऊपर से पा लिया होता

***

वो एक शख़्स जिसके लिए ख़ुआर हम हुए
वो कौन से किनारे लगा किसका हो गया।

उसने तो लज़्ज़तों के समन्दरों को मथ लिया
लेकिन ख़ुदा न करदा ख़ताओं का क्या हुआ।

'ताबिश' ख़ुदा करे कि मिले सुबह तक शराब
लेकिन यह दिन सा कौन मिरे सर पर आ गया।

***

नफ़रतों का ज़हर सारी बस्तियों में घुल गया
प्यार के किस्से किताबों में ही लिखे रहे गये।

फैलकर दुनिया पे छा जाएँ ये ख़्वाहिश भी न थी
अपने ही अन्दर सिमट जाते मगर क़ादिर न थे।

जो चाहे वो मुझे बेदाम ले ले
ख़रीदारों के हाथों कम बिका हूँ।
तिरी चाहत बहाना है यक़ीन कर
ब हर सूरत मैं ख़ुद को चाहता हूँ।

***

तहज़ीब कितनी कट के गिरी, यह भी ग़ौर कर
लाशों के साथ ख़त्म न कर क़त्ल का शुमार।
नींदों का शहर तेरे मिरे दरमियान है
आ ज़ोर से झंझोड़ मुझे, ज़ोर से पुकार।

***

बिख़रे पड़े उदास दिनों को समेट कर
वो आये उससे पहले कहीं फेंक-फाँक दो।
वो आदमी से पहले पहल मिलके रो दिया
क्या चीज़ उससे टूट गिरी सोचते रहो।

णाणं
पयासयं

वीर नि.सं.
2470

भारतीय ज्ञानपीठ

ई.सन्
1944